DE L'ADOPTION

DE LA LOI

SUR LE RÉGIME DES PRISONS,

PAR LA CHAMBRE DES DÉPUTÉS.

DE L'ADOPTION

DE LA LOI

SUR LE RÉGIME DES PRISONS,

Par la Chambre des Députés.

LETTRE

A M. le Ministre de l'Intérieur,

PAR UN ANCIEN DIRECTEUR.

L'OPPOSITION.

Qu'en dis-tu?....

LA COMMISSION.

J'en dis... que vos conseils sont les meilleurs du monde.
Ils sont bien raisonnés, et j'en fais un grand cas :
Mais vous trouverez bon que je n'en use pas.

PARIS.

IMPRIMERIE DE E.-B. DELANCHY,

RUE DU FAUBOURG-MONTMARTRE, 11.

1844.

DE L'ADOPTION DE LA LOI

SUR

LE RÉGIME DES PRISONS,

PAR LA CHAMBRE DES DÉPUTÉS.

A M. LE MINISTRE DE L'INTÉRIEUR,

PAR UN ANCIEN DIRECTEUR.

MONSIEUR LE MINISTRE,

Dieu soit loué ! C'en est donc fait d'Auburn et de Philadelphie, de *Pentonville* et de *Sing-Sing*, de Lausanne et de Genève, du *Solitary-Confinement* ou *Separate-System*, du *Silent-System*, de la *Common-Gaols* et autres ingrédients philanthropico-moralisateurs de la même puissance et *ejusdem farinæ* ! Nous parlerons désormais la langue du pays, ce qui n'est pas à dédaigner quand il s'agit de fabriquer des lois dans notre arche constitutionnelle : sanctuaire auguste, je le sais bien ; mais où les cris incessants et discordants de la voix des ouvriers qui, comme dit l'âne d'or d'Apulée :— « pensent plu- « tôt des *oreilles* que de *l'esprit*, » — ne permet pas toujours aux auditeurs bénévoles de comprendre dans quel idiome se distille l'éloquence des véritables metteurs en œuvre de vos hautes et savantes élucubrations. Quant à moi, monsieur le Ministre, qui n'ai pas manqué une seule des séances consacrées à la discussion de votre projet de loi sur la réforme des prisons, je me suis constamment vu forcé de recourir à l'impartialité proverbiale du *Moniteur :* vénérable memento dans lequel MM. les sténographes (sauf quelques fautes de français) reproduisent avec une si scrupuleuse fidélité la parole, le style et jusqu'à la pantomime de Messieurs les ayant-droit de parler, d'écrire et de gesticuler dans notre temple législatif.

Ainsi donc, monsieur le Ministre, votre nouvel enfant, présenté à la Chambre sous le patronage de la commission, vient d'être *ondoyé* par nos mandataires ; et il ne lui reste plus, pour vivre légalement, qu'à obtenir le *baptême* de MM. les Pairs et la *confirmation* de Sa Majesté. Puis après, ceci advenant, on inscrira sur sa robe virginale le fameux axiôme :—*Salus populi suprema lex esto,* — et votre système pénitentiaire s'en ira prendre rang et date au répertoire des quelque vingt milliers de lois civiles, politiques ou criminelles qui sont venues donner à notre civilisation cet incontestable degré de perfectionnement que je ne suis pas dans l'intention de lui contester. Bien loin de là, je soutiens, d'après l'expérience, que le *Corruptissimâ republicâ plurimæ leges* de Tacite, n'est rien de moins qu'une balourdise de la même portée que celle de Platon, soutenant, de son côté, que : « — La multitude des médecins et des juriscon-

« sultes était la marque la plus certaine de la décadence d'un « état. » — Or, voici tantôt soixante ans que ces messieurs tiennent le haut bout du nôtre; et, certes, il faudrait être bien mal appris pour ne pas se sentir pénétré de la plus vive reconnaissance, au souvenir des soins toujours désintéressés qu'ils ont constamment apportés à débarrasser notre vieille monarchie française, de la rouille des préjugés dont elle était notoirement souillée depuis quelque cent ans et plus. Honte aux ingrats!

Pour le moment, monsieur le Ministre, ce dont il importe de s'enquérir, c'est du degré de vitalité de votre nouveau-né, afin de savoir : — Non-seulement s'il sortira sain et sauf d'entre les mains de MM. les Pairs; mais si renvoyé par eux tout stigmatisé vers ses premiers examinateurs, ceux-ci ne le jugeront pas tellement contrefait qu'il ne leur semble bon de le condamner, comme autrefois à Lacédémone, à être jeté dans les fondrières du mont Taygète. Or, monsieur le Ministre, je sens tellement combien cela vous serait désagréable, que je viens prendre, *proprio motu*, la très-respectueuse liberté de vous raconter les *on dit* d'une foule de curieux qui, comme moi, des tribunes de la Chambre, ont suivi avec un véritable intérêt toutes les phases diverses auxquelles a donné lieu l'enfantement de ce dernier rejeton de votre paternité ministérielle.

La première remarque qui d'abord ait été faite, monsieur le Ministre, par la plupart de nos habitués c'est, qu'à fort peu d'exceptions près, la Chambre s'est conduite en cette occasion de manière à venger le système constitutionnel de la mauvaise réputation qu'il s'était acquise. Ce n'était plus, comme aucuns de ses détracteurs l'ont osé dire, un facile instrument de corruption fonctionnant au gré de vos besoins ou de l'immuable volonté d'un autre pouvoir placé plus haut que vous; et il y avait quelque chose de rassurant à voir tous les côtés de la Chambre, n'importe leur couleur politique, lutter de talent et de conscience pour en arriver à la solution du problème social que vous veniez présenter à leur appréciation législative. Non pas, monsieur le Ministre, que je veuille porter préjudice à la fidélité de vos clients ordinaires, ni leur dénier le mérite d'avoir constamment exalté ce que vous exaltiez et déprécié ce qui ne vous allait pas. Il n'entre pas dans mon âme de nuire aux intérêts de personne. Mais quand on voyait marcher sous le même drapeau pénitentiaire que vous, MM. de Tocqueville, de Beaumont, Corne; et que, d'un autre côté, MM. de Larochefoucauld, Odilon Barrot et Bethmont jetaient à ces honorables alliés, leurs amis politiques, les plus redoutables défis parlementaires, c'est qu'il n'y avait pas corruption, mais conviction. J'aurais vivement désiré, monsieur le Ministre, m'être trouvé en ce moment, pour voisin, un second Tacite; afin de lui prouver que si Tibère, en sortant du sénat, avait pu s'écrier : — Oh! quels esclaves que tout cela! *O homines, servitutem paratos!* il eût été forcé de confesser jusqu'à quel point nos mandataires sont incontestablement plus purs que ceux du peuple romain.

Maintenant, monsieur le Ministre, suivons la discussion; et voyons ce qu'il en est resté d'impressions différentes dans l'esprit de certaines personnes assez influentes, pour qu'il ne soit pas inutile de s'en ressouvenir au besoin.

En thèse générale, on a trouvé que, malgré les précautions oratoires dont quelques honorables ont pris soin de s'envelopper pour déguiser leur antagonisme, leurs mutuelles dénégations sur le plus ou le moins d'exactitude et de vérité des documents qu'ils s'opposaient les uns aux autres, ressemblaient, trait pour trait, au fameux *Mentiris inpudentissime* de Pascal écrivant aux jésuites. Que cela ait eu lieu à l'Académie des Sciences politiques et morales, ce peut être une habitude littéraire qui ne tire pas à conséquence : mais que cela se soit entendu et réentendu à la tribune de MM. nos députés, c'est, monsieur le Ministre, un fâcheux précédent parlementaire qu'il serait dangereux de s'y laisser perpétuer. Toutefois, monseigneur, hâtons-nous d'en convenir; votre langage a constamment été ce qu'il devait être : digne, honorable, voire même conciliateur; et c'est une justice que vos adversaires les moins favorablement disposés se sont unanimement plu à vous rendre. Votre Excellence fera bien d'en prendre note comme d'un souvenir, qu'à l'occasion, il lui sera peut-être avantageux de se rappeler.

Un fait de la plus haute importance, et beaucoup plus grave qu'on ne paraît le penser, domine aujourd'hui la loi sur la réforme des prisons : c'est l'envahissement du pouvoir judiciaire, et l'omnipotence des commissions de surveillance au détriment du mode d'action du pouvoir exécutif et responsable. C'est aussi l'annihilation complète de l'autorité des chefs de vos prisons : et, sous quelque titre que vous cherchiez à les instituer désormais, je vous défie, monsieur le Ministre, de leur rendre CETTE FORCE MORALE sans laquelle il leur est absolument impossible d'en arriver aux résultats pénitentiaires qu'on attend de leur zèle, de leur dévoûment et de leur capacité. Feu l'honorable M. Jacques Laffitte demandait pardon à Dieu et aux hommes de s'être fourvoyé dans la débâcle de 1830 : ce pouvait être de sa part un petit moment de dépit ou de mauvaise humeur. Mais moi, qui ai, pendant plus de 30 ans, vécu dans le *Sérail* des prisons, j'en connais les *détours*; et je rends véritablement grâce à Dieu de n'avoir plus rien à y voir, tant j'ai la conviction qu'elles vont devenir un tohu-bohu où le célèbre John Howard perdrait infailliblement son latin s'il n'y devenait fou. Que la miséricorde divine soit donc en aide à mes anciens collègues, et les conduise sains de corps et d'esprit aux limites de la retraite où je repose! c'est le vœu le plus ardent que je puisse leur offrir en vertu de notre ancienne confraternité.

Quoi! monsieur le Ministre, n'était-ce pas déjà plus qu'il n'en fallait pour leur faire perdre la tête, que l'impérieuse infaillibilité de vos inspecteurs-généraux dont PAS UN SEUL, que je sache, n'a voulu ce qu'avait voulu son prédécesseur? Que cette inévitable suprématie de MM. les chefs de bureau qui, dans les préfectures ou les sous-préfectures, les admonètent ou les patronent de leur moelleuse curule de noyer verni, suivant qu'ils ont bien ou mal compris ce qu'ils ne se donnent jamais la peine de venir vérifier; ou qu'ils ont été plus ou moins bien traités ce jour-là par l'humeur ondoyante de leurs chastes moitiés, ou par l'outrecuidance toujours intermittente de leurs capricieux patrons! N'était-ce pas assez, enfin, que cette incessante perplexité que subissent ces malheureux directeurs, à telle fin d'harmoniser, à leur corps défendant, les ordres contradictoires qui leur sont adressés simultanément par l'autorité administrative, l'autorité judiciaire et, qui pis est, par l'autocratie militaire; le tout pour ne pas, autant que possible, froisser les susceptibilités si chatouilleuses de toutes et chacune de ces supériorités hiérarchiques? Monsieur le Ministre, l'article 1er de la loi vous confère la haute administration de toutes les prisons affectées aux détenus non militaires; mais ce qu'on vous accorde d'une main, on vous le retire de l'autre; et quelque habilement faits que soient vos règlements d'administration publique; rappelez-le vous bien, monsieur le Ministre, jamais vous n'en arriverez à couvrir suffisamment votre responsabilité ni celle de vos agents. Et pourquoi cela? C'est que les modifications insérées dans le texte de la loi en détruisent le principe; et que cette irruption de la magistrature dans l'action du pouvoir exécutif est complètement en opposition avec les bases fondamentales de notre droit répressif. — Lisez, monsieur le Ministre :

— « Il n'y a point de liberté si la puissance de juger n'est « pas *séparée* de la puissance législative et *du pouvoir exécutif.* « Si elle était jointe à la puissance législative, le pouvoir sur la « vie et sur la liberté des citoyens *serait arbitraire;* car le juge « serait législateur. Si elle était jointe *au pouvoir exécutif,* le « juge pourrait avoir *la puissance d'opprimer.* » (MONTESQUIEU.)

— « La loi est *le droit*, l'exécution est *le fait;* d'où cette « déduction naturelle : le pouvoir administratif ORDONNE et « DISPOSE; les décisions du juge ne sont que *déclaratoires*, « c'est-à-dire que le pouvoir judiciaire *se borne* à déclarer que « *tel fait* existe, que *tel acte* renferme *telle disposition*, que « *tel droit* appartient à celui qui le réclame, ou que *tel de-« voir* incombe à celui qui le conteste. Mais LA SE BORNE LE « POUVOIR JUDICIAIRE; et c'est désormais AU POUVOIR ADMINIS-« TRATIF à *ordonner* et à *disposer* ce qu'il croira utile dans « l'*intérêt général* et dans celui de *sa responsabilité.* » (MACAREL, *Éléments de Droit politique.*)

Il m'est avis, monsieur le Ministre, que si votre commission se fût plus profondément pénétrée de ces principes, elle aurait apporté moins de laisser-aller à donner à l'autorité judiciaire une aussi grande latitude au prétendu *droit* de veiller à ce que les peines prononcées par les arrêts fussent subies sous sa surveillance. Car ce *droit*, elle ne l'a pas; car c'est au *pouvoir exécutif* SEUL qu'il appartient d'*ordonner* et de *disposer* le mode d'exécution des condamnations prononcées par le juge. — Sauf erreur de la part des Montesquieu, des Beccaria, des Macarel et d'une infinité d'autres publicistes que je pourrais citer, si je ne savais, monsieur le Ministre, que MM. tels et tels peuvent en savoir infiniment plus qu'eux sur ce point du débat. *Errare humanum est.*

En ce qui touche aux commissions de surveillance : — un de mes voisins prétendait que c'était une formule inévitable dans nos habitudes administratives, par la soupçonneuse et démocratique inquiétude de nos nouvelles mœurs constitutionnelles. Il aurait seulement désiré qu'elles pussent remplir convenablement les importantes fonctions qui leur sont dévolues : et fors que vous ne construisiez toutes vos maisons cellulaires à la porte de vos villes à cour royale ou à tribunal de première instance; il lui semblait que cette espèce de mandat ne deviendrait qu'une simple fonction *ad honores*, dont l'effet le plus avéré serait de favoriser l'arbitraire de l'administration locale au lieu d'en atténuer les développements. Mon voisin paraissait également ne pas comprendre pourquoi l'on avait exclus comme titulaires de droit, dans la composition du personnel de ces commissions, MM. les archevêques, évêques et curés? Mais comme il est assez constaté que le diable a pour habitude de se faire ermite quand il devient vieux; mon pieux voisin pensa que MM. les pairs qui, à quelques expressions près, ne sont pas généralement des *esprits forts*, Dieu merci! voudraient bien réparer cette omission peu orthodoxe, et reprendre à cet égard l'amendement de l'honorable M. Taillandier.

Vous savez, monsieur le Ministre, que la discussion ayant

eu lieu au moment où la province expédiait à Paris tous les admirateurs de l'exposition de notre industrie nationale, les tribunes de la Chambre étaient généralement encombrées d'électeurs auxquels les élus de leur choix se faisaient un véritable plaisir de procurer des billets d'entrée. Or, le jour où l'honorable M. Barrot sollicitait avec une si éloquente et si touchante conviction quelques heures d'air et de soleil en faveur des prévenus, des inculpés et des accusés ; j'eus toute la peine du monde à empêcher un gros fermier, qui se trouvait en serre-file derrière moi, de crier *bravo! bravo!..*, tant le digne homme éprouvait que sans son ciel bleu qui l'abrite le plus souvent, et son soleil qui l'échauffe et le rajeunit, il mourrait d'angoisse et de douleur dans les premiers trois jours où il aurait le malheur d'être mis en état de suspicion à l'ombre d'une cellule protectrice de son honneur et de sa moralité. Heureusement qu'un monsieur à longue barbe et à lunettes vertes, me faisant assez l'effet d'un aspirant au grade de maître d'étude dans une institution universitaire, parvint à calmer l'enthousiasme de M. l'électeur villageois : lequel soutenait, non sans raison, que le plus galant homme de son endroit pouvant être mis préventivement en prison ; il serait monstrueux de commencer par l'y faire mourir asphyxié, comme ces petits oiseaux que les professeurs de physique ont l'habitude de placer sous le récipient d'une machine pneumatique, pour démontrer à leurs élèves les merveilleux effets de la privation de l'air atmosphérique. Aussi, monsieur le Ministre, à chaque fois que votre excellence voulait bien se donner la peine de prouver en quoi les rigueurs du cellulage n'étaient qu'apparentes, et comment elles tournaient entièrement à l'avantage du prévenu; cet excellent censitaire me jetait un de ces regards furtivement incrédules qui me rappelait, malgré moi, le : —*Timeo Danaos et dona ferentes* — du poète latin.

Au demeurant, monsieur le Ministre, et jusqu'à la fin du titre II de votre projet de loi, vous n'avez pas eu trop à vous plaindre des légères et insignifiantes modifications qu'il a subies. J'ai même entendu quelques-uns de ces esprits *rigoureusement logiques*, qui ne vous pardonnent pas d'avoir abandonné l'administration de leurs prisons à MM. vos collègues de la marine et de la guerre. Mais, attendu que cette opinion, par cela même qu'elle est logique, provoquerait infailliblement d'éclatantes objections de la part de certaines gens, je commence, monsieur le Ministre, par vous déclarer que je ne suis ici que l'écho fidèle et peut-être même indiscret, de tout ce que j'ai ouï dire de plus spécial à cet égard. Le voici :

Tout est à refondre dans notre régime actuel des prisons. Conséquemment il fallait faire table rase, et réédifier le nouvel ordre de choses sur une échelle et sur un plan qui ne laissassent rien à désirer. Or, jamais on n'arrivera à quoi que ce soit de conséquent et de complet, si l'on ne commence par décider une bonne fois que l'administration générale de toutes les catégories de prisons, depuis les bagnes jusqu'aux simples maisons de dépôt, appartiendra A UN SEUL MINISTÈRE. Car, — « nous perdons ainsi le régime exceptionnel des bagnes, et « nous voyons l'administration des prisons de France purgée « de *cette étrange anomalie* qui place les condamnés en ma- « tière criminelle dans les attributions du ministère de la ma- « rine.......... Il faudrait donc, pour mettre notre législation « à cet égard en harmonie avec le système pénitentiaire, abo- « lir les dispositions du Code pénal, qui prescrivent, pour « *chaque espèce de condamnés,* des prisons distinctes, dont « chacune est soumise à un régime particulier. »

Et savez-vous, monsieur le Ministre, qui a osé se permettre cette hardiesse de rénovation légale pour l'administration de toutes les prisons du royaume? Deux des plus considérables défenseurs de votre dernier projet de loi, MM. de Tocqueville et de Beaumont. Qu'il me soit donc permis de placer mon humble assentiment à l'abri protecteur de leur incontestable talent et de leur honorable conviction. Car, en vérité, monsieur le Ministre, à voir comment cette malheureuse administration des prisons est jalousée par *la Guerre*, *l'Intérieur* et *la Justice*, on croirait entendre ce refrain d'une vieille ballade poitevine :

« Y sont trois qui voulons ma fille,
« Y sont deux qui ne l'auront pas. »

Car il faudra bien, tôt ou tard, sous peine de concubinage, ou tout au moins de bigamie, que la pauvre fille n'épouse que l'un des trois pouvoirs ; à moins de dispenses légales octroyées par notre parlement, qui s'est si généreusement chargé de sa dot aux frais des contribuables ; et des dispositions de son contrat de mariage aux conditions de son bon plaisir.

Mais en voici bien d'une autre, monsieur le Ministre! Oh! c'est pitié de voir comme quoi ils se sont essayés de mettre en lambeaux les ornements obligés dont vous aviez composé sa corbeille de noce. Ceci devient sérieux et veut qu'on y regarde.

Quoi! renvoyer aux calendes grecques la double question de la suppression des bagnes et de l'encellulement philadelphien des autres condamnés? En vérité, l'honorable M. Béchard n'y va pas de main morte! Et qu'importe, monseigneur, votre opinion de 1840? Est-ce qu'on a jamais vu qu'un ministre soit obligé de penser, de parler et d'écrire, *sine varietur*, pendant quatre mortelles années de suite? Toutefois, malgré ce droit de scolies, évidemment inhérent à votre haute position, je n'en ai pas moins tremblé pour vous, en voyant se détacher lentement du sud-ouest de l'hémisphère parlementaire, cette radieuse et sublime étoile errante qu'on appelle M. de Lamartine, et se venir placer sur la tribune vis-à-vis de votre excellence. — Qu'avez-vous donc, me demanda ma voisine ? (Car, ce jour-là, c'était une influence électorale du sexe féminin qui se trouvait à mes côtés) ; vous avez l'air inquiet ! — Je le crois bien ! — Et pourquoi ? — Pourquoi, madame ! c'est que voici M. de Lamartine qui va parler. — M. de Lamartine, dites-vous ? L'auteur des *Méditations* et de *l'Ange déchu* ?—Hélas ! oui, madame, rien que celà. — Quel bonheur ! est-ce qu'il va nous réciter quelques-unes de ses délicieuses poésies ? — Oui, madame, mais en prose ; car sa lyre a le double avantage d'être toujours poétique, quelque forme de langage qu'elle emploie : et telle est la magie de ses accords, qu'ils charment, séduisent et captivent presque sans exception tous ceux qui sont admis à les entendre vibrer au pavillon de leur intelligence. — Et en faveur de quel système va-t-il parler ? — Je l'ignore, madame, et c'est précisément là ce qui m'émeut; car, il en est des poètes comme des musiciens : la magnificence de leur style consiste dans l'art d'harmoniser les dissonnances ; et, sous ce rapport, je ne sache point d'artiste qui ait jamais atteint à un plus haut degré de perfection que cet illustre orateur. Mais attendons qu'il prélude ; car il est quasi probable que son final concluera par la dominante du ton qu'il va choisir... — Et ce fut à ma grande satisfaction, monsieur le Ministre, sur le ton pensylvanien qu'il se prit à chanter. Je fus rassuré. Je compris, comme vous le comprîtes sans doute vous-même, que maintenant, tenter d'atténuer l'effet produit par l'éloquente apologie qu'il venait de faire de votre système, à l'aide de pointilleuses chicanes sur la véracité des statistiques de M. Moreau-Christophe ; c'était mêler de vains cris d'alarmes aux accents harmonieux de l'enchanteur mâconais ; et que la prudence du serpent, dont un de vos médecins diplomates s'efforçait d'envelopper ses prescriptions Auburniennes, ne l'emporterait pas sur la prestigieuse apparition du colibri ministériel. Aussi, l'honorable M. Bouillaud n'a-t-il pu rencontrer sur les bancs de la Chambre *cette entente cordiale* qu'il a reconnue entre vous, monsieur le Ministre, et MM. de Tocqueville et de Beaumont. Mais il y a des mots qui ne sont pas heureux, et l'épigramme a manqué son effet.

Du reste, monsieur le Ministre, la question avait changé de caractère. On ne veut plus de statistiques, — et l'on fait d'autant mieux, qu'il est devenu presque impossible d'employer leur langage sans empreindre le sien d'impolitesse à l'égard de ceux dont on s'est fait l'adversaire. Que parle-t-on de ces nombreuses démences produites par l'encellulement des condamnés ? Est-ce donc que l'honorable M. Lestiboudois n'a pas démontré qu'on ne devient jamais fou, en quelque part qu'on se trouve, sans y avoir été prédestiné par je ne me rappelle plus quoi de fatalement inévitable ou d'inévitablement fatal ? Et, depuis quand l'honorable M. de Larochejacquelein pense-t-il qu'il suffise d'un noble cœur et des généreux élans d'une âme toute chrétienne, pour venir reprocher à l'architectonique de nos prisons cellulaires d'employer moins de cubes d'air pour les cabines de nos prisonniers, que pour les loges des bêtes féroces de notre ménagerie ? Est-ce que M. le directeur du Jardin-des-Plantes a jamais eu la pensée de les amender (les bêtes féroces) et de faire, comme qui dirait un mouton d'un chacal ou de la hyène une brebis? Le système de la réforme morale n'en est pas encore arrivé jusqu'à ce haut point de philosophisme social; mais il ne faut désespérer de rien. En attendant, le loyal député de Ploërmel a bien mérité l'admonition chimico-philanthropique que le célèbre M. Arago est venu lui donner sur les moyens de remplacer l'air vivifiant et pur des rayons de soleil, par le souffle anti-morbide et réparateur d'une ventilisation agissant *ad libitum* sous la puissance déterminée d'une machine à vapeur. Oui, monseigneur, la leçon eût été complète si, par une de ces aberrations singulières, et que je ne comprends pas plus que le profond astronome ne comprend la déviation des comètes, il n'eût conclu de sa démonstration scientifique sur la salubrité des cellules par cette espèce de boutade que vous savez : — « Touchez là, mon ami, vous n'aurez pas ma fille. » — Au demeurant, elle a fait rire; et je ne sais pas où l'hilarité se fût arrêtée, si le front menaçant de l'honorable M. Crémieux n'eût tout-à-coup dépassé la petite bande de la tribune aux harangues pénitentiaires. Toutes les bouches se sont tenues muettes; tous les couteaux de bois sont restés immobiles, et toutes les têtes se sont posées face à face avec sa face, comme si M. le président avait commandé : — *fixe !*

Et les tribunes, monseigneur, ont sympathiquement suivi le même mouvement.

Qu'allait-il donc se passer? Rien cependant dont on dût s'étonner; absolument rien qui ne fût une conséquence toute naturelle de la double nature du sévère orateur. Tout à la fois enfant d'Israël et avocat distingué, on devait s'attendre que celui-ci mettrait autant d'animation et de vigueur à défendre la pureté du texte de la loi pénale, que le premier apporterait au besoin d'enthousiasme et de dévoûment au maintien du texte de la loi divine. Sa parole a été saisissante et belle, son argumentation pressante et logique..... mais il avait prévu qu'à moins d'un miracle, qu'il n'espérait guère, sa cause était à peu près perdue ; et comme l'historien Joseph, parlant des faits miraculeux dont il ne voulait pas assumer la responsabilité, il s'en est allé, jetant ces mots à l'auditoire : — « Je laisse néanmoins à chacun d'en penser ce qu'il voudra. » — D'où vient que, profitant de la permission, la Chambre a pensé que l'amendement de l'honorable M. Béchard ne devait pas être adopté.

Voilà donc, monsieur le Ministre, deux grosses épines de moins à redouter : 1° l'ajournement du projet ; — 2° d'interminables modifications au titre III ; et, désormais, la discussion va rouler sur des rails-ways. C'en est décidément fait des bagnes : *Requiescant in pace!* M. Vatout n'en veut pas. — M. Lacoudrais, en psalmodiant toutes les litanies de son ministère de la marine, a démontré par A + B que la déportation devait suppléer la chiourme et le boulet. C'est donc en pure perte que MM. Odilon Barrot et de Larochefoucault adjurent la Chambre de ne rien supprimer sans avoir, au préalable, déterminé ce qu'on mettrait à la place : c'est vainement qu'à rebours de l'honorable M. Vatout, MM. de Fontette et de Malleville demandent qu'on gravisse l'échelle des peines par son premier échelon ; vainement que le bon sens et la logique semblent, de prime-abord, se coaliser et faire chanceler l'article 13 sur ses bases, la commission s'est dit :

« Sic volo, sic jubeo, sit pro ratione voluntas. »

Et l'article 13 sera maintenu à son rang. Tous vos alliés, monseigneur, se groupent comme un seul homme autour de votre excellence, et l'épreuve n'est plus douteuse..... Il n'y a plus de bagnes! *Requiescant in pace!*

Voyez, cependant, monsieur le Ministre, à quoi tiennent les choses d'ici-bas! Que cet article eût été changé de place et renvoyé après la discussion de l'article 22, je ne pense pas que cela fût devenu d'une fâcheuse influence sur l'avenir de la discussion ; mais faire perdre trois mortelles heures de temps à des ouvriers légistes qui l'emploient avec une si scrupuleuse et si louable exactitude aux seules affaires du pays! — C'eût été, monsieur le Ministre, une anomalie tellement inconnue dans nos fastes parlementaires, qu'on l'aurait prise pour une satire dont le trait pouvait produire de fâcheuses impressions dans l'esprit des nombreux départementaux qui se trouvaient là. J'écris *départementaux*, monsieur le Ministre, parce que j'ai remarqué qu'à chaque fois que l'honorable M. de Larochejacquelein se servait du vieux mot de *province*, quelques-uns des puritains de 1830 me semblaient près de lui jeter une nouvelle *flétrissure*. C'est aussi, monsieur le Ministre, parce que vous-même avez été sur le point d'un rappel à l'ordre pour avoir dit, par inadvertance, 4 onces pour 125 grammes ; et, qu'au demeurant, il est convenable que chaque époque de bouleversement social emploie un certain nombre de *néologismes* pour préciser ce qu'il y a de *néotérique* dans ses institutions ; et que le quolibet de *néophobe* ne me séduit aucunement.

Ce ne fut donc pas, monsieur le Ministre, sans vous en féliciter *in petto*, que je vis admettre avec une vitesse géométrique les articles 14, 15, 16, 17, 18 et 19 du projet. Et sans l'ARTICLE DU DINER qui réclamait de nos honorables un autre genre de délibération, je ne sais pas si toute la loi n'eût pas été votée. Malheureusement la nuit porte conseil, et vous savez comment il vous a fallu redoubler de courage et d'aplomb durant les luttes subséquentes.

Convenez aussi, monseigneur, que toute votre loi gisait dans l'adoption de ce fameux article 22 qui a soulevé un si dangereux cataclisme d'amendements, que j'ai craint, à plusieurs reprises, de voir disparaître M. le vice-président Debelleyme sous leurs flots conjurés. — Bon Dieu! quel métier que celui de roi, disait Louis XIV.—Qu'aurait-il donc dit de celui de président de la Chambre. Ah! que Pline le philosophe avait bien raison! — « Ceux qui parlent ou lisent en public sont bien à « plaindre, attendu qu'il faut que non-seulement ils répondent « de leur bon sens, mais qui pis est, de celui de leurs audi-« teurs. »—Et faire comprendre à la Chambre *l'esprit* et le *sens* d'amendements aussi dissemblables, sous ce double rapport, que ceux qui affluaient sur le bureau, me paraît d'une difficulté pour le moins égale à l'embarras que quelques-uns de leurs propres auteurs éprouvent, à leur tour, d'en expliquer les véritables motifs.

L'honorable M. Teulon ne croit pas à la moralisation par les cellules; il n'en veut qu'à la façon d'Auburn; et termine sa modeste harangue d'honnête homme par la citation de ce vers d'un effet un tant soit peu usé :

« Voi ch' intrate, lasciate ogni sperenza! »

Mais M. de Tocqueville, qui ne voit d'*enfer* que dans *la vie en commun*, lui répond que tout condamné qui passe de celle-ci dans la solitude, doit s'écrier avec Jacopo Ortis : — « Usciró, usciró dall' *inferno* della *vita!* » Et la Chambre passe outre.

Convénez, monseigneur, que l'honorable M. Vavin s'est acquis, dans cette chaude séance, de bien véritables droits à votre gratitude; car, s'il n'eût pas demandé et obtenu que les condamnés pour simple contravention de police ne fussent pas encellulés de jour et de nuit, vous alliez soulever contre votre portefeuille, non pas MM. tels et tels, qui ne se sont pas donné la peine de descendre dans l'arène que vous veniez d'ouvrir, mais tous les gamins et toutes les cuisinières de Paris : ceux-là, pour ne pouvoir, sans danger, tirer des pétards sous les fenêtres des commissaires de police de leur quartier ; et celles-ci, pour se voir privées de battre la poussière de leur tapis ou d'épandre leurs parfums à pointes d'asperges sur la tête des passants. Honneur à M. Vavin !

Mais, *vœ!* monsieur le Ministre, *vœ!* à ceux qui, de nouveau, sont venus appuyer l'amendement de la commission tendant à vous interdire la faculté de placer vos jeunes détenus en apprentissage ou de les en retirer, sans en avoir *préalablement* obtenu la permission du ministère public ! Eh ! sans doute, tous les arrêts de condamnation se terminent par l'injonction aux procureurs-généraux ou du roi de maintenir la main à ce qu'ils soient ponctuellement exécutés. Mais cela fait, la responsabilité du juge CESSE, et celle du pouvoir exécutif COMMENCE. Pourquoi donc venir ainsi bouleverser les plus simples éléments du *bon sens* et du *droit criminel!* — Pourquoi? monsieur le Ministre : c'est que depuis que le ministère de la justice existe, il aspire sourdement à l'envahissement de vos attributions sur l'administration des prisons. Que tous ses agents, quel que soit leur degré hiérarchique, pensent, parlent, écrivent, clament et agissent de la même manière ; et que leur ténacité sur ce point est telle, que déjà cent fois pour une vous avez été à même d'expérimenter combien cet éternel conflit jette de perturbation et de désharmonie dans le service administratif de l'intérieur de vos maisons centrales de détention. Non, monsieur le Ministre, ce ne sont pas vos amis qui vous ont engagé dans cette mauvaise voie ; ou bien, c'est le cas de leur appliquer la moralité de la fable de *l'Ours et de l'Amateur des jardins* :

> « Rien n'est si dangereux qu'un ignorant ami ;
> « Mieux vaudrait un sage ennemi. »

Ceci, monsieur le Ministre, était beaucoup plus grave que la question de savoir si vos jeunes condamnés seraient placés dans une maison *d'éducation* ou *de correction*, ou *dans des établissements spéciaux*. Et, néanmoins, vous vous êtes donné beaucoup plus de peine pour trancher cette *difficulté* que pour annihiler celles qui vont jeter sur votre responsabilité d'inextricables embarras. Et de tels, monsieur le Ministre, qu'il vous faudra parfois, *vous le savez bien*, recourir forcément au régime des ordonnances royales pour l'interprétation des dispositions législatives. Or, ce remède est le père de tous. *Experientia judex !*

Mais je sens combien vous avez hâte d'en arriver à la discussion de votre article 22, véritable, indubitable, incomparable critérium pénitentiaire de tous les temps. Passera-t-il ou ne passera-t-il pas ? Déjà l'amendement de M. Vatout a favorablement prédisposé une grande partie des honorables jurés, et vous avez fait une chose habile d'y adhérer, monsieur le Ministre, si ce n'était à l'avance une affaire convenue. La chaleureuse et franche opposition de M. Larochejacquelein n'aboutira qu'à corroborer de plus en plus l'estime que son noble caractère inspire ; mais il ne restera de son ardente Philippique que cette vérité d'évidence pour tout le monde, à savoir : que l'état des prisons de Paris absorbe toute l'attention des orateurs, et que leur prévoyance ne va pas au-delà.

En effet, monsieur le Ministre, à quels genres de travaux *faits à un* occuperez-vous les vignerons du Lot, les chanvriers de

Lot-et-Garonne, et les bergers des Landes dans vos cellules solitaires?.... Mais, cela ne me regarde pas ; et je pense humblement de votre projet de loi ce que Labruyère pensait des bons ouvrages : c'est-à-dire, — « qu'ils sont aussi admirables « par les choses qui n'y sont pas que par celles qui s'y trouvent.»

Et cependant chacun, monseigneur, veut apporter au vôtre sa cote-part de confection. A l'encontre de M. Vatout, qui veut commencer l'application du cellulage par les plus grands coupables, l'honorable M. de Fontette veut qu'on y débute par les plus petits délinquants : c'est à n'y rien comprendre..... mais, non pas à n'y plus rien entendre, car l'honorable M. Léon de Malleville s'est fait écouter avec tant d'intérêt et de plaisir, que, sans la réplique aigre-douce de M. le rapporteur de la commission, d'une part ; et l'enthousiasme inextinguible du représentant officieux des intérêts de la gélatine, de l'autre ; il eût pu arriver que l'article 22 fût rejeté : ce qui, monsieur le Ministre, Dieu et votre fidèle cohorte aidant, n'a pas heureusement eu lieu. Décidément donc enfin, les condamnés aux travaux forcés seront renfermés de nuit et de jour dans des pénitenciers cellulaires et suffisamment sains et aérés. Mais, monseigneur, que de peines et de fatigues pour vous ! N'importe : ne dites pas avec Corneille :

« Qu'à vaincre tant de fois vos forces s'affaiblissent. »

Rien de plus restaurant qu'un premier succès !... Et c'est avec un bonheur réel que vos amis vous reverront demain, tout prêt à vous abandonner de nouveau aux passes véritablement épuisantes de ce genre encore inconnu de polka ministérielle. Veuille le ciel ! monseigneur, que les honorables champions qui vont se presser sur la brèche se traitent réciproquement avec assez d'égards pour qu'il ne soit plus besoin de leur rappeler qu'au nombre des cinq crimes irrémissibles dont parle Confucius, se trouve celui-ci : — « L'habitude de dire le blanc « et le noir et le pour et le contre sur le même objet, suivant « l'intérêt qu'on trouve à avancer l'un et l'autre. » — Cette manière de se repousser la balle discréditerait nos plus brillants orateurs aux yeux des étrangers ; et ce même jour-là, monsieur le Ministre, j'avais autour de moi un assez grand nombre de *Chinois* de je ne sais quel *Canton*, soit dit sans calembour.

Me voici donc à mon poste, mon carnet d'une main et ma mine de plomb de l'autre ; mais tellement enterré par un groupe de *départementales* en toilettes de galas, que c'est à peine si je puis, malgré les excellents verres de mon binocle, apercevoir l'honorable M. Vatout venant soutenir le *statu quo* du régime actuel (du régime des prisons, cela va sans dire). A défaut de le voir, je me flattais au moins du bonheur de l'entendre..... Impossible ! Je n'entendis que le singulier dialogue que voici entre une de ces dames et l'un de leurs introducteurs. — « Comment appelez-vous ce monsieur à la face si réjouie et à la voix si clochette (*sic*) qui monte là-bas ? — M. Vatout. — N'est-ce pas un ami particuler du roi ? — Je l'ignore, on le dit ; il le croit peut-être, mais le roi seul le sait. — C'est singulier ! il me paraît parler contre le projet du ministre. — C'est que, probablement, il en aura reçu l'ordre ou l'autorisation. — Ne serait-ce point l'opinion de Sa Majesté qu'il vient émettre à la tribune ? — Je ne pense pas que Sa Majesté s'inquiète pour si peu. — Mais voyez donc comme il a peur qu'on ne dépense trop d'argent à bâtir des prisons. — En effet... il se pourrait bien... La liste civile est embarrassée... les travaux de Versailles ne sont pas totalement acquittés... l'hôtel de Nantes, cette espèce de monolithe à lucarnes qui déshonore la place du Carrousel, n'est pas encore acheté, et cette place elle-même n'est déjà plus qu'un cloaque délétère pour les postes d'honneur de notre garde nationale... et..... — Chut! dites-moi le nom de cet autre monsieur. — Et vous, madame, dites donc : *de cet autre honorable.* — Vraiment! Est-ce que tous nos députés sont nécessairement honorables? — Sans aucun doute. C'est un adjectif que la députation leur confère pendant tout le temps de leur mandat, mais dont ils ont la faculté de se dépouiller durant l'intervalle des sessions, sauf l'obligation de le reprendre à chaque fois qu'il s'en ouvre une nouvelle.—Je vous remercie; mais enfin, sans adjectif, comment se nomme le nouvel orateur? — M. Viger. — C'est bien; maintenant, écoutons. »

Et il était temps : car, pour peu que la conversation eût encore duré quelques minutes de plus, j'étais bien décidé à me procurer, moyennant 20 sous, — je veux dire 1 franc, — le *Moniteur* du soir; ce qui, ajouté aux 25 centimes de contribution journalière pour le dépôt de ma canne à la porte du temple, eût accru d'autant la dépense de mon budget quotidien.

Je pus donc ouïr fort distinctement que l'honorable orateur venait défendre *unguibus et rostro* la lettre morte de notre Code pénal, et qu'il ne voulait pas de cette uniformité de peine dont le plus ou moins d'infamie ne serait plus constaté que sur la couverture du dossier de chaque condamné. Sa qualité de magistrat pouvant exercer une fâcheuse influence sur l'esprit de la Chambre, ce fut donc fort à propos, monsieur le Ministre, que vous montâtes à la tribune. Et, il faut bien le dire, encore ce jour-là, vous y avez été d'un calme, d'une clarté, d'une précision et d'une habileté si persuasive, que les arguments de vos adversaires, comme s'ils n'eussent attendu, pour s'évanouir, qu'un souffle de votre patiente éloquence, disparaissaient quasi d'eux-mêmes, A CHAQUE MILLION que vous retranchiez de l'énorme addition qu'en avaient posée les honorables mathématiciens Vatout et de Peyramont. Votre triomphe fut complet!

Mais quoi! est-ce donc, monsieur le Ministre, que vous n'ayiez plus qu'à monter au Capitole? On le croirait à voir comment s'imprègnent *l'espérance* au front radieux de M. Moreau-Christophe, et *la douleur* sur celui de son dédaigneux adversaire, M. l'académicien Charles Lucas. Ne semblerait-il pas qu'ils se jettent l'un à l'autre ces méprisantes paroles d'Auguste :

« Ta fortune est bien haut; tu peux ce que tu veux.
« Mais tu ferais pitié, même à ceux qu'elle irrite,
« Si je t'abandonnais à ton propre mérite. »

C'est trop sévère. Mais espérons que le — *Soyons amis, Cinna,* — ne se fera pas attendre. — *Qui se ressemble s'assemble,* — et ces deux adversaires sont assurément deux hommes d'un incontestable talent.

Quoi qu'il en soit, monsieur le Ministre, et des articles rédigés dans LE SIÈCLE sous l'influence ou par la plume de l'honorable M. de Beaumont, et de la majorité acquise à l'adoption radicale de l'article 22 de votre loi de réforme; ce n'est pas vous, monseigneur, qui vous serez abusé sur la portée de l'ardente improvisation de l'honorable M. de Peyramont. Malheureusement pour sa cause, il a prouvé qu'il n'est pas toujours vrai que — *ce qui abonde ne nuit pas.* — La chaleur de son âme l'a emporté par delà les bornes qu'il ne devait pas franchir. On eût dit que, suivant les expressions de Tacite : — Il « était malade d'attendre et impatient de finir : — *æger morâ,* « *et spei impatiens.* » — Mais, n'en doutez pas, monsieur le

Ministre, en dehors de cette Chambre, il se sera fait écho dans l'opinion de quelques hommes appelés plus tard à sanctionner votre œuvre; et ce ne sera peut-être pas avec l'espèce de murmures qu'elles ont provoqués sur certains bancs, que seront accueillies ailleurs ces austères paroles :

« — Qu'est-ce que le christianisme? La chute de l'homme; « chute si profonde qu'elle a entraîné pour lui la dégradation « morale. Pour racheter l'homme de cette dégradation, qu'a- « t-il fallu? Le sang du Fils de Dieu!... et ce sang n'a pas suf- « fisamment effacé la souillure originelle. Il faut que l'homme « gagne son pain à la sueur de son front : il faut qu'il lutte « énergiquement et sans relâche contre le principe du mal qui « est dans son cœur. Voilà l'homme au point de vue chrétien. « — Non, le christianisme n'est pas seulement la foi, l'espé- « rance et la charité, — il est plus encore : c'est la crainte « de Dieu et de sa justice. Vous avez beau faire et vous élever « contre le mot de *réprouvés*, que le sujet commande, le chris- « tianisme a ses réprouvés comme la société a les siens. — Je « veux que la réhabilitation soit *acquise* et non *usurpée*. Je « veux qu'elle soit conquise publiquement, courageusement. « Je veux que le condamné libéré, s'il trouve une porte fer- « mée, puis une autre, ose demander à la pitié publique ce « qu'on lui refuse d'abord. Je veux une réhabilitation au grand « soleil. Je ne veux pas de votre réhabilitation hypocrite en « serre chaude. — Comment vos détenus pourront-ils mériter « la réhabilitation dans vos cellules? Leur ferez-vous un mé- « rite de ne s'être pas brisé le crâne contre les murs de leurs « cachots? c'est la réhabilitation que je mets aux voix. Or, « comme tout finit au sortir de la cellule, comme le caractère « infamant a disparu, voyez ce que devient la gradation des

« peines, et jugez si votre loi ne porte pas en même temps un « coup de lèze-moralité et de lèze-humanité. »

Que toute cette bouillante argumentation, monsieur le Ministre, manque en quelques points d'une véritable solidité; qu'elle puisse être réfutée sur quelques autres, à la bonne heure. Et je le conçois d'autant mieux que, pour mon compte, je suis partisan de la suppression du caractère infamant dans les conséquences des crimes légalement expiés. Mais que ce soit par le bruit de couteaux de bois et les houras de ses adversaires qu'il leur ait paru suffisant de lui répondre pour le vaincre!.... c'est là, monsieur le Ministre, une de ces illusions parlementaires dont les résultats possibles ne justifient pas toujours, sans décevance, l'enthousiasme des triomphateurs. Attendons, et *videbimus infrà.*

Au demeurant, l'article 22, c'est-à-dire TOUTE LA LOI, a reçu sa première onction; et fatigués de la lutte impuissante qu'ils ont si vaillamment soutenue, les vaincus n'ont plus qu'à déposer leurs nobles armes. *Victis arma supersunt!* Cependant, monsieur le Ministre,

« ..... La fortune est pour un verre prise
« Qui tant plus luit, plus tôt se casse et brise!... »

a dit Marot; et je vous avoue que tout confiant que je me sente vivre sous l'abri de la vôtre, je n'en suis pas moins sorti de la séance d'aujourd'hui, 13, avec un certain serrement de cœur. Ce nombre m'a toujours été de mauvais augure, et je me suis bien vite empressé de compter si nous n'étions point 13 dans notre tribune à 8. Heureusement, nous n'étions que 14. Dieu me soit en aide!

On a dit que rien n'était plus entêté qu'un chiffre. Je pense qu'un principe, en matière de pénalité, ne l'est pas moins, s'il ne l'est davantage. Mais quel est donc ce principe dont on a si éloquemment parlé sans le préciser jamais ? J'ai cherché, et voici ce que j'ai trouvé :

— « Non-seulement la loi doit être *générale*, et ne dispo- « ser que pour l'*avenir*, il faut encore qu'elle soit *uniforme*, « et qu'elle s'étende *au territoire entier* qui se trouve soumis « au même législateur. Mais ce n'est pas encore assez d'avoir « établi l'*uniformité* de législation, il est utile encore de pré- « parer l'UNIFORMITÉ DANS SON APPLICATION. » (MACAREL, ouv. cité, p. 317 et 318.)

— « Rien de plus dangereux que l'axiôme commun, qu'il « faut consulter l'*esprit de la loi*. Adopter cet axiôme, c'est « rompre toutes les digues et abandonner les lois au torrent « des opinions..... Nous verrions le magistrat interpréter ra- « pidement les lois d'après les idées vagues et confuses qui se « présenteraient à son esprit. Nous verrions *les mêmes délits* « *punis différemment* en différents temps *par le même tribu-* « *nal*, parce que, au lieu d'écouter la *voix constante* et *in-* « *variable* des lois, il se livrerait à l'instabilité trompeuse *des* « *interprétations arbitraires.* » (BECCARIA.)

Mais ne dirait-on pas que la commission en soit à l'A B C des principes fondamentaux de notre droit criminel? Eh! bon Dieu! elle n'en a pas nié une seule syllabe. Et si les honorables orateurs qui l'ont combattue se fussent donné la peine de lire son rapport (ce que *très*-positivement *bien* peu ont fait), ils y auraient vu avec quelle bonne foi quasi candide elle confesse toutes les difficultés et toutes les imperfections du système qu'elle présente. Elle a pensé que : — « Entre le mo- « ment où un nouveau système d'emprisonnement commence « à être mis en vigueur dans un grand pays comme le nôtre,

« et celui où on peut l'appliquer *d'une manière universelle à « tout le monde à la fois*, il se passe toujours *un certain « temps* — (10 ou 20 ans)—durant lequel, *quoi qu'on fasse,* « on verra apparaître *quelques inégalités dans les peines*, et « une part QUELCONQUE D'ARBITRAIRE *dans la manière dont les « peines seront subies.* » — Puis elle ajoute : — « Si vous ne « voulez pas subir cet inconvénient inévitable et supporter les « embarras passagers, laissez les prisons dans l'état où elles se « trouvent. C'est *le seul moyen* qui reste pour échapper à une « difficulté de cette espèce (p. 73).

« Elle a pensé, et très-sagement, selon moi, que : — Parce « qu'il était impossible de faire disparaître entièrement un « mal, ce n'était pas une raison pour renoncer aux moyens « qui s'offrent de le réduire (72).

Elle a pensé que : — « Si *l'arbitraire*, renfermé dans de « certaines limites, fait peur, il semble qu'on le doive redouter « plus encore quand il n'a pas de limites (72). »

« Elle est convenue que le mode d'emprisonnement qu'elle « propose entraîne *forcément* des *rigueurs stationnaires pour « tous.* — Qu'il est CONTRE NATURE, et qu'en le prolongeant, « il ne peut guère manquer d'apporter *un certain trouble* dans « les fonctions de *l'esprit* et *du corps.* »

Que voulez-vous? Que lui demandez-vous de plus? Est-ce que, par hasard, Montesquieu avait prévu le cas de la réforme des prisons, lorsqu'il a dit que : — « Le législateur doit *tou-« jours* avoir *grand soin* de ne *jamais* mettre *la loi* en opposi-« tion avec *la nature!* » — Que signifie tout ce bruit? Où vous conduira-t-il? à démontrer que la commission a manqué de *logique* dans quelques-unes des dispositions du projet de loi qu'elle défend? Mais elle vous a déjà répondu. — « Qu'a-

« près tout, il valait mieux manquer *à la logique* que de s'ex-
« poser à manquer à *l'humanité* (77). »

Convenez donc avec moi, monseigneur, que s'il se mêle quelque chose de véritablement sérieux et digne à la défense toujours honorable des principes généraux de notre droit répressif, il s'y mêle aussi par trop de taquinerie décourageante. Il faudrait avoir une patience du ciel et des poumons d'enfer pour suffire à y répondre.

Ah! si l'honorable M. de Tocqueville se fût ressouvenu que, — *toutes vérités ne sont pas bonnes à dire*, — il n'aurait pas écrit dans son rapport les quelques lignes que voici : « Sans « doute, il y a certaines peines d'emprisonnement dont il pour- « rait être dangereux de diminuer du cinquième la durée. « Mais *en fait*, où est *le péril*, puisque *le gouvernement* con- « serve *le pouvoir* de ne renfermer dans les maisons cellulaires « que CEUX QU'IL DÉSIGNE (72). » *Inde iræ!* Ce peu de mots a soulevé toute la basoche représentative de la justice criminelle; et j'ai vu le moment où l'honorable président allait être obligé d'en appeler à son chapeau pour venir au secours de sa sonnette qu'on n'entendait plus. C'était affreux à voir : *Horribile visu!*

Heureusement, monsieur le Ministre, que l'honorable rapporteur est bon cheval de bataille, et que, loin de l'effrayer, le bruit ne fait que lui donner plus d'énergie et plus d'aplomb sur ses jambes.

Vainement donc, la bourrasque lance violemment vers la tribune l'un de vos plus dangereux adversaires, l'honorable M. Crémieux.

« ..... Le flot qui l'apporta recule épouvanté. »

Et grâce à l'influence calmante de votre élocution toujours uniforme et d'une suavité rafraîchissante, la tempête s'apaise; et le vaisseau gouvernemental n'est plus que faiblement inquiété par de rares éclairs qui s'échappent encore de quelques points isolés de l'horizon menaçant.

Ainsi, quelques esprits fâcheux et assez peu intelligents des nécessités d'adopter la loi ont cru vous embarrasser beaucoup en vous faisant remarquer, monsieur le Ministre, que si le travail était obligatoire pour tous *comme peine*, il paraissait peu logique (toujours la logique!) de règlementer qu'il ne pourrait leur être retiré qu'à titre *de punition*. Mais encore ici la commission avisera, et, comme dit Malherbe :

« ....: La bonne cause est toujours la plus forte. »

Est-ce donc qu'à titre de punition ou de récompense il ne faut pas que les condamnés travaillent incessamment, puisque l'État leur fait, et à bon droit, l'obligation de subvenir à leurs besoins par le produit de leur travail? Oh! je ne sache rien de plus ingrat que les contribuables généralement parlant!

Voici maintenant M. de Larochejaquelein qui, prévoyant le cas où le fait d'un soufflet donné pour une injure non prévue par les lois, pourrait amener une mauvaise tête sous le coup du fameux réquisitoire de l'honorable M. Dupin aîné (en tant que procureur-général), demande qu'on lui octroie, — à la mauvaise tête, — l'heur de pouvoir, *de droit*, se faire apporter en prison quelques objets alimentaires ou autres, soit pour entretenir ses forces physiques peu habituées à la restauration de la cellule, soit pour réconforter son esprit peut-être indocile aux réflexions moralisatrices qu'elle est en puissance de suggérer à ses hôtes. J'en suis fâché pour le noble député que je n'ai pas l'honneur de connaître, — dont bien me fâche, — mais il devrait bien se dépouiller un peu de ces vieilles idées du temps de ses aïeux. On ne dit plus aux gens : — *Tu en as menti par ta gorge.* — Ce qui voulait dire, en style moyen-âge : — *Il faut que je te la coupe.* — On leur dit seulement : Vos chiffres sont faux, — votre statistique en a menti. — Puis, le juge du camp répond : — Les opinions sont libres ; et tout est dit. Passons à l'article : Adopté.

Grâce à MM. Delessert, Vavin et Saint-Priest, toutes les consciences des voleurs et des assassins pourront dormir tranquilles, attendu que chacun d'eux pourra pratiquer les rites de son culte et les dogmes de sa foi. Mais j'ai vu le moment, monsieur le Ministre, où, sans votre courageuse résistance, un si grand nombre de visiteurs allaient obtenir *le droit* de visiter les prisonniers, qu'à défaut de pouvoir payer assez de guichetiers pour leur ouvrir les portes de la prison, il ne vous resterait plus qu'à leur ordonner de ne pas les fermer. Mais Dieu venant en aide à l'honorable rapporteur, toutes ces charitables âmes ne *pourront qu'être autorisées* à visiter les pécheurs, ce qui réduira des 99/100es le zèle des curieux, et vous laissera pleinement libre de n'en admettre que ceux que vous voudrez bien.

Ainsi donc, tout allait à merveille. Mais voilà que la parole si grave et tout à la fois si pénétrante de l'honorable M. Odilon Barrot vient encore jeter des bâtons dans la roue de notre char triomphal, et que l'horizon se rembrunit. — Que fera-t-on des condamnés jusqu'à ce que toutes les prisons cellulaires soient en état de les recevoir ? — Ce qu'on en fera ? — Des ordonnances royales détermineront les ressorts judiciaires dans lesquels les condamnés seront soumis à l'emprisonnement individuel, avec injonction aux juges de n'en pas moins appliquer les peines fixées par les lois existantes.—Ce faux-fuyant, comme tout ce qui, durant le débat, a paru être une concession faite aux exigences des adversaires du projet, leur a semblé une victoire; sans s'embarrasser, les excellentes gens! comment cette nouvelle rédaction s'harmoniserait avec ce grand principe fondamental de notre droit répressif, à savoir : — que non-seulement la loi doit être *générale*, *uniforme* et s'étendre *au territoire entier*; mais que cette *uniformité de législation* doit imposer nécessairement l'*uniformité dans son application*. Vivent les ordonnances!

A cet égard, monsieur le Ministre, je ne pus m'empêcher de réfléchir sur cette observation de l'un de mes voisins d'une fashionabilité remarquable. — « Si j'exerçais, me dit-il, la « profession de voleur, j'attendrais que l'expérience de quel« ques-uns de mes amis m'eût renseigné sur le plus ou le moins « d'avantage qui résulte de l'un des deux modes d'emprison« nement; et suivant ce que j'en aurais appris, je transporte« rais mon industrie dans le ressort judiciaire où j'aurais le « moins de mauvaises chances à subir. » — Je le regardai sous cape, et m'empressai de vérifier si ma poche n'était point devenue veuve de ma bourse; tant je craignais qu'un observateur aussi perplexe ne fût un honnête chef de bande à l'affût des réformes qui seraient adoptées par la Chambre dans l'intérêt de son commerce et de sa sécurité personnelle.

Maintenant, l'article 33 du projet, devenu l'article 35 de la loi, sera-t-il maintenu? Les condamnés et les septuagénaires qui auront été soumis pendant 12 ans consécutifs au régime cellulaire, auront-ils l'avantage de n'être plus séparés que la nuit, et de pouvoir travailler pendant le jour en commun et en silence? La déportation va-t-elle intervenir dans la peine, et à quel titre? Sera-ce comme aggravation ou comme adoucissement?

Aura-t-elle lieu après 12 ans d'encellulement ou après 10 ans, ainsi que le demandent MM. d'Haussonville et de Lafarelle; ou, comme le demande M. Odilon Barrot, le juge aura-t-il la faculté de déterminer à quelle époque de la durée de la peine la déportation devra commencer?

Quel parti va prendre la commission? Il se fait tard. A demain donc. Mais Dieu! quel lendemain!... et que ces 24 heures vont me paraître longues et me causer d'angoisses et d'anxiété! J'entends bien murmurer à mes oreilles le doux espoir que la commission se retirera de là avec tous les honneurs de la guerre, ou tout au moins par quelque escobarderie dont la chambre se contentera; mais je n'en passerai pas moins une fort mauvaise nuit, attendu, monseigneur, que :

« Un *tiens* vaut, ce dit-on, mieux que deux *tu l'auras*, »

et que

« L'un est sûr, l'autre ne l'est pas. »

. . . .

Écoutons! Voici demain : je reviens à mon poste, et mes voisins aussi :

1° La commission adopte l'amendement de MM. d'Haussonville et de Lafarelle, — *deux de ses membres;* — elle tranche, d'un premier coup, 2 ans sur la durée de l'emprisonnement cellulaire avant TRANSPORTATION hors du territoire continental de la France, suivant un mode qui sera *ultérieurement* fixé par la loi.

2° Elle veut bien également que les tribunaux puissent réduire à 8 années le temps de l'emprisonnement individuel, avant TRANSPORTATION. — *Si no, no.*

Mais voilà que ce mot si clair trouble jusqu'à l'intelligence de l'honorable M. Gustave de Beaumont, et qu'il veut qu'on s'explique d'abord très-catégoriquement sur la question de savoir si *transportation* et *déportation* sont synonymes, ou si leur caractère légal ne stigmatisera pas de la même manière les individus condamnés.

C'était, monsieur le Ministre, fournir à votre excellence une nouvelle occasion favorable de faire preuve de philanthropisme, de justice et de talent en venant déclarer à la Chambre que le mot *déportation* ne se trouvant pas dans l'amendement, la *transportation* n'entraînait évidemment en soi aucun caractère infamant sur la tête des transportés. Votre excellence n'avait pu oublier ce qu'avait écrit Diderot à l'occasion du livre *des Délits et des Peines*, au chapitre *de l'Infamie* : — « Je désirerais « que l'auteur eût fait sentir l'imprudence de rendre l'homme « infâme et de le laisser libre; cette méthode absurde peu- « plant nos forêts d'assassins. » — Et Diderot était, comme chacun sait, tout aussi bon philanthrope, pour le moins, que sont bons criminalistes les esprits tracassiers qui vous cherchent noise à tout bout de champ, sans rime ni raison.

Mais qu'y a-t-il de plus sourds que ceux qui ne savent pas entendre!

Voyez plutôt M. Lherbette, qui veut à toute force que ces deux mots soient identiques, attendu que l'article 17 du Code pénal dit que : — « La peine de la *déportation* consiste à être « *transporté*, etc., etc. » — Eh bien! monsieur le Ministre, à la place de la commission, j'aurais tantôt eu trouvé moyen de mettre un terme à de pareilles taquineries par un amendement ainsi conçu : — « Les condamnés, lorsqu'ils auront « été soumis pendant 10 ans au régime prescrit par l'article 22,

« seront *transvasés* de leur cellule en plein air, à cent mille « kilomètres pour le moins hors du territoire continental. » — Et la Chambre comprenant la longue portée de cette modification lexicologico-répressive, eût fermé la bouche à beaucoup de mauvais vouloirs. Mais c'est ainsi que toujours

« Certaines gens, faisant les empressés,
« S'introduisent dans les affaires,
« Y font partout les nécessaires,
« Et partout importuns devraient être chassés. »

Car, je vous le demande, monsieur le Ministre, n'était-ce pas infiniment plus important de savoir enfin, qui l'allait emporter du premier paragraphe de la commission, prescrivant au juge un *minimum* de 8 ans avant la *transportation*, ou de M. Barrot qui n'élève le sien qu'à 5 années seulement?

Mais, chut!..... écoutons. — L'amendement est posé. — Que ceux qui sont d'avis... — On se lève... on se compte... — C'en est donc fait! — *Stupete gentes!* — Pour la première fois, la commission succombe!... et comme si cette défaite eût jeté la stupéfaction dans toutes les consciences, jusqu'aux vainqueurs se surprennent étonnés de leur triomphe! Ils se regardent, se tendent la main l'un à l'autre... et l'honorable M. Crémieux sourit déjà...—et quel sourire!—à cette idée fixe pour lui. que la loi sera ultérieurement rejetée au scrutin secret; mais tranquillisez-vous, monseigneur :

« Cet oracle et moins sûr que celui de Calchas, »

ou que les prophéties de l'Ancien-Testament.

Néanmoins, ce vote, par une espèce de terreur électrique, avait impressionné jusqu'à mes voisines; et il n'a rien fallu de moins que la question relative au mode d'emprisonnement des femmes et des enfants pour réveiller de nouveau leur curieuse attention. Aussi ont-elles trouvé l'honorable M. Carnot d'une supériorité de jugement incontestable ; et ce n'est pas sans un véritable dépit qu'elles ont vu rejeter son amendement. Mais la Chambre a reconnu, avec MM. Malherbe (le poète) et de Tocqueville (le député), qu'aujourd'hui comme toujours

« La femme est une mer en naufrages fatale, »

et qu'il y aurait imprudence à la laisser naviguer à pleine voile sur l'océan orageux de la vie en commun, quelle que fut d'ailleurs la moralité dûment certifiée des pilotes chargés de la direction de vos corvettes pénitentiaires.

En ce qui touche aux enfants : l'honorable M. de Larochefoucauld s'était également acquis la sympathie de nos aimables départementales, en demandant que ceux qui auraient été déclarés avoir agi *sans discernement* ne fussent pas assujétis au système pensilvanien, mais renfermés dans des maisons ou des colonies spéciales. Oh! monsieur le Ministre, mes voisines de ce jour-là étaient vraiment d'excellentes et bonnes créatures! Et l'une d'elles, qui probablement chaussait un bas-bleu, me dit avec une expression du plus touchant pathétique : — « Monsieur, est-ce donc que vous ne sentez pas que traiter les enfants par la cellule comme on traite des hommes faits, c'est nous ramener à ces vieux temps où les triumvirs, pour faire mourir un impubère, lui faisaient donner la robe virile avant de le condamner ? » — Quel siècle, monseigneur, quel admirable siècle que celui où nos femmes de ménage préfèrent la lecture de Diodore à celle du *Parfait Cuisinier*! — Du reste, la commission avisera : ce qui veut dire qu'elle sera nécessairement de votre avis.

Vous savez, monsieur le Ministre, combien est vrai cet avertissement de Lafontaine :

« Laissez-leur prendre un pied chez vous,
« Ils en auront bientôt pris quatre. »

Et vous l'avez éprouvé dans la discussion relative à la manière dont les condamnés correctionnels devaient être assimilés aux condamnés criminels, par rapport à la durée de leur captivité. Les transportera-t-on ou ne les transportera-t-on pas ? Si on les transporte, n'est-ce pas une monstruosité (*sic*) que de les traiter à l'égal des grands criminels : et si on ne les transporte pas, ne sera-ce point également une chose cruellement illogique, qu'ils puissent passer en cellule plus de temps que les condamnés aux travaux forcés, par exemple ?

La question avait son côté spécieux ; et, pour éviter une lutte trop amèrement prolongée, la Chambre a fort bien fait de prononcer le renvoi à la commission ; de même que pour le nouvel amendement de l'honorable M. Lestiboudois qui, ayant déjà soutenu une première fois que la compagnie des fous était le criterium le plus infaillible de la résurrection de leur intelligence, venait demander, conséquemment à lui-même, que les malades, atteints ou seulement menacés d'aliénation mentale, fussent immédiatement dispensés de l'encellulement normal.

Voyons d'abord ce qui a été décidé sur ce dernier point. — La commission a tourmenté l'amendement de l'honorable M. Lestiboudois de manière à lui faire dire tout ce que le préfet voudra ; et crainte de pire, l'honorable docteur s'est hâté d'adhérer aux modifications proposées par le gouvernement. J'en étais sûr. Mais je l'étais un peu moins de ce qui devait advenir relativement au mode et à la durée de l'emprisonnement des condamnés correctionnels. Toutefois, l'honorable M. de Peyramont, ne pouvant échapper au défaut de son admirable talent, a tellement poussé ses arguments, ses syllogismes et ses dilemmes, qu'il a plus nui au succès de sa cause qu'il ne l'a défendue. Il vous a donc été possible, monsieur le Ministre, de lui prouver que :

« Fin contre fin n'est pas bon pour doublure. »

En général, l'emportement de vos adversaires a constamment favorisé la forme spécialement explicative de votre faconde de bon aloi. Et, dans cette circonstance, vous avez si bien su envelopper leur enthousiasme d'argumentations à la glace, qu'ils n'ont plus eu la force ni le courage de voter contre les amendements de votre fidèle alliée. Ainsi donc : — « les dispositions concernant les condamnés criminels ne seront pas appliquées aux condamnés correctionnellement. »

Des gens mal intentionnés, comme il s'en trouve partout, n'ont voulu voir dans ce vote, un moment douteux, qu'une revanche de votre vieille phalange ministérielle désappointée de s'être laissé entamer par l'ascendant de l'un des membres de l'opposition. Mais je tiens cette allégation pour une calomnie. Et la meilleure preuve que la politique avait été, de part et d'autre, loyalement mise de côté dans cette affaire, gît à toujours dans l'*unanimité* du vote de la Chambre, sur l'amendement de M. Gustave de Beaumont, relatif aux condamnés politiques. C'est qu'il y avait là, monsieur le Ministre, un de ces nobles instincts qui parle à tous les hommes de cœur et d'honneur, sous quelque drapeau qu'ils abritent leur conscience et leur dévoûment. Et, quand le Parlement rend de semblables arrêts, c'est le cas de s'écrier avec Cicéron, « qu'ils sont — la

« droite raison de Dieu même. — *Ratio est recta summi Jo-*
« *vis!* (1) » Honneur donc à M. Gustave de Beaumont, à toute la Chambre, honneur à la France!

Je conçois, monsieur le Ministre, que la loyale spontanéité de cette décision ait inspiré l'amendement de l'honorable M. Joly en faveur des condamnés pour association illégale, détention d'armes et coalition entre les maîtres et les ouvriers : mais comme je conçois encore mieux que c'est à l'aide de ces délits qu'on fabrique des révolutions et qu'on les exploite le plus commodément du monde en trois jours, je ne suis point étonné que cet amendement ait été rejeté par la Chambre.

Allons, Monseigneur, *animo! animo!* comme disent les Espagnols : voici la terre : *Italia! Italia!* Encore quelques coups de rames ou quelques coups de pistons à vapeur, et vous entrez au port! Toutefois, prenez garde!... et n'allez pas vous jeter à la côte... Elle est remplie d'écueils... il serait si cruel d'y venir échouer après tant de jours d'une navigation si périlleuse! *animo! animo!*

Inutile de vous dire, monsieur le Ministre, que je ne veux pas vous parler de ces petites minuties de détail concernant le produit du travail, ni de son mode de répartition entre les travailleurs, le gouvernement ou les communes. Néanmoins, en ma qualité de vieux praticien, j'aurais vu avec une malicieuse satisfaction que la Chambre eût adopté l'amendement de l'honorable M. Boudousquié, consistant à laisser *aux commissions de surveillance* la distribution du pécule alloué aux condamnés sur le salaire de leur main-d'œuvre, le tout *individuellement*, et non pas en raison *d'une disposition générale*. Car, sauf le

(1) *De legibus*, tit. II, v. IV.

respect que je lui dois et que je lui rends, j'aurais été curieux de voir comment il en serait venu à bout! voilà précisément de quelle manière

« Un orateur parfois trop plein de son objet ;
« Jamais sans l'épuiser n'abandonne un sujet. »

et pourquoi

« Souvent la peur d'un mal nous conduit dans un pire ! »

Mais que l'honorable susceptibilité de l'honorable député de Toulouse se rassure. Je puis lui affirmer qu'en fait de garantie à donner aux détenus, il n'y a point d'employé budgétaire au ministère des finances, qui soit plus apte qu'ils ne le sont eux-mêmes à empêcher qu'on ne les dupe d'un centime, s'il était possible qu'on en pût jamais avoir la coupable intention!

Les écueils dont je veux vous entretenir consistent, monsieur le Ministre, dans la position que vous voulez faire aux préposés en chef de vos nouvelles prisons. Sans doute il paraît juste et convenable que ces préposés demeurent responsables de leurs actes conformément à la loi. Mais à quels hommes conférerez-vous donc d'aussi honorables fonctions? Quelques personnes se sont étonnées que M. Aylies qui a écrit, à cet égard, de si belles pages dans son livre sur *la Matière*, ne soit pas venu en aide à l'honorable M. Crémieux, qui pense comme John Howard : — « Que l'administration d'une prison est « d'une trop grande importance pour l'abandonner à un sim- « ple geôlier dans toute son étendue (1). » — Qui ne voulait pas qu'il y eût parité entre vos directeurs des grands établissements pénitentiaires et les simples gardiens-chefs de vos

(1) *Etat des prisons*, p. 68.

petites prisons départementales ou communales. N'est-ce donc pas la pensée des Julius (1), des Livingston (2), de M. Mittermaier qui, à l'encontre de M. Charles Lucas, pense que : — « Ce qu'on appelle le *sentiment moral* du directeur NE « SUFFIT PAS pour inspirer aux coupables des idées plus no- « bles », et qui veut que le *sentiment religieux* soit *profondément* et *sincèrement* imprégné dans l'esprit et dans le cœur d'un chef de pénitencier? Faudra-t-il nous entendre redire encore que, sous ce rapport, — *Genève fasse honte à Paris!* et que c'est vainement que M. le docteur Pariset s'écrie : — « Que pour être mis à la tête des employés d'une prison, *le plus* « *parfait* des hommes serait à préférer si un pareil choix était « possible (3). »

Ah! sans doute, monseigneur, vous l'avez dit, et je le crois. Vous êtes dans l'intention d'accroître, autant qu'il est en vous de le faire, la considération qui doit environner les premiers agents de vos maisons de force et de correction. Mais qu'il nous soit permis de le dire, monsieur le Ministre, ce qui se passe depuis long-temps n'a pu effacer de notre souvenir ces lignes tracées de la main de l'un de vos plus honorables inspecteurs, M. de la Ville de Mirmont. — « Malheureusement, chez nous, « on ne va guère à la recherche des hommes en état de rem- « plir des fonctions si importantes, ou plutôt, on n'a pas compris « jusqu'ici l'importance de ces fonctions. On semble croire que « tout individu *qui a besoin d'un emploi* est toujours *assez* « *bon* pour celui de *directeur* ou *d'inspecteur*. Des recomman- « dations d'amis, DES APOSTILLES DE DÉPUTÉS, voilà ce qui a

(1) *Leçons*, vol. II, p. 131.

(2) *Code de réforme*, § v.

(3) *Rapport au conseil général des prisons*, 6 et 25 juin 1817.

« trop souvent *décidé les choix* qui ont été faits, et, quelque-« fois, c'est précisément *parce qu'il n'est propre à aucune* « *fonction* qu'on lui en donne une dans les maisons centrales « de détention (1). » — Eh bien! monseigneur, il y a des observateurs qui prétendent que les choses n'ont pas changé depuis 1819; et qui se prétendent, à cet égard, nantis des documents les plus curieux, ce qui — (honni soit qui mal y pense) — ne témoigne pas plus à l'avantage des *apostilleurs* officieux qu'à celui des *dispensateurs* officiels; leur contrat d'obligeance devant être synallagmatique sous peine de nullité.

Et ici, monsieur le Ministre, je ne crains pas qu'on m'applique le : — *Vous êtes orfevre, monsieur Josse,* — car il y a déjà quelques années que j'ai cessé de l'être et que je ne fais plus que flâner, oublié et sans ambition, ès alentour des grandeurs de ce royaume, ce qui me va à merveille. Mais, à mon âge, on vit plus de souvenirs que d'espérance!... Et je m'inquiète sur les apprentis-directeurs de vos prisons cellulaires que je vois près de passer sous les fourches caudines de l'omnipotence turbulente de vos *semblants de commissions de surveillance;* et, comme vous, monseigneur, sous la férule illégale et anti-administrative de MM. les gens du roi et de la magistrature. Que voulez-vous, monseigneur, je suis pour les principes conservateurs de notre droit répressif, à mes risques et périls : et je demeure convaincu que si tant d'hommes de conscience et de savoir s'en sont écartés dans le morcellement qu'ils viennent de faire de votre projet de loi sur la réforme, c'est plus par *défiance* résultant *du passé,* que par *prévision de l'avenir.* Or, votre excellence le sait tout aussi bien que moi, ce n'est pas

(1) *Observations sur les maisons centrales de détention, à l'occasion de l'ouvrage de MM. de Beaumont et de Tocqueville,* p. 24.

sous l'influence de cette double impression que peuvent se faire de bonnes et sages lois! Aussi....

Assurément, monsieur le Ministre, il vous importait peu que celle qu'on va rendre réglementât que les condamnés ne pourraient être mis en cellule obscure, ou au pain et à l'eau que deux, trois, quatre ou cinq jours tout au plus. Mais vous aurez trouvé la preuve de cette fâcheuse défiance dont je vous parle, dans les interpellations qui vous ont été adressées sur les faits reprochés à l'administration locale de la maison du Mont-Saint-Michel. Car il était plus que certain que, quelles que fussent les explications que vous en donneriez, elles ne satisferaient aucun de ceux qui vous les imposaient. A mon avis comme au vôtre : — *Non erat hic locus.* — Du reste, vous vous êtes tiré de ce mauvais pas avec autant de prudence et de bonne foi que le comportaient votre devoir et votre responsabilité. Ce n'était là qu'un épisode dont on voulait enrichir sa popularité aux dépens de la vôtre; mais qui n'avait que faire dans la discussion des éléments fondamentaux de la loi dont on s'occupait. Aussi, monseigneur, si j'avais été à votre place, je me serais contenté de répondre à ces messieurs — *qu'il n'y en a point de plus embarrassés que ceux qui tiennent la queue de la poêle;* — et peut-être serais-je parvenu, par la vulgarité de ce proverbe, à dérider ces fronts sourcilleux qui semblaient vouloir demeurer froncés nonobstant et *quand même!*

Heureusement, monsieur le Ministre, que l'honorable M. l'Herbette a bien voulu se charger, ou plutôt, s'est chargé, sans le vouloir, de changer ce mouvement de quasi colère en transformation de quasi jovialité.

En effet, monseigneur, était-ce bien sérieusement qu'on osait vous reprocher *la majesté du silence* dans cette enceinte où *la majesté du tapage* est de droit commun? Et n'y avait-il pas, de la part de l'honorable M. Joly autre chose de plus divertissant à s'apitoyer sur la mauvaise qualité de l'eau que les prisonniers boivent au Mont-Saint-Michel, lorsque, à chaque phrase de sa mercuriale, il savourait avec une si délicieuse volupté, les bords de la coupe d'ambroisie parlementaire dont les huissiers de la Chambre ont l'attention de ne jamais laisser dépourvu le tablier en marbre blanc de la tribune aux harangues. Ah! l'eau de la Seine! c'est bien l'élément le plus remémoratif qu'on ait jamais découvert entre les idées qui s'en vont et celles dont on attend le secours dans les moments d'hésitation oratoire. Il y avait là, autour de moi, des gens qui offraient de parier, montre à la main, que sans la multiplicité des verres d'eau consommés par les honorables, les séances de la Chambre gagneraient cent pour cent sur le temps qu'elles emploient à la discussion des intérêts du pays. Comme je crois aux aphorismes de Salerne, je ne tins pas la gageure : — « Si vous « avez mal à la tête... buvez de l'eau. »

« Si capitis dolor ut..... lympha bibatur..... »

Monsieur le Ministre, quand *un parti* se confesse des fautes qu'il a commises ou laissé commettre par *négligence, langueur ou dissipation*; c'est à *l'autre parti* de lui répondre par le 3me verset du *De profundis* : — « Que deviendrai-je si vous « vous ressouveniez de mes iniquités? — *Si iniquitatibus ob-* « *servaveris, quis sustinebis?* » — Puis, à la France, de leur dire à *tous deux* : — « *Allez en paix et ne péchez plus.* » — Acte de contrition qu'il me semble tout-à-fait à propos de leur rappeler à l'occasion de la loi qu'ils méditent sur *le régime pénitentiaire*.

Pardon de la digression, monsieur le Ministre. Je reprends :

Je ne dirai pas que l'honorable M. Crémieux vous soit réapparu comme une tête de Méduse; mais bien comme un joûteur dont l'armure a quelque chose d'autant plus *intimidatif* qu'elle couvre la poitrine d'un brave convaincu de la justice de sa cause. Encouragé par le succès de ses deux dernières passes d'armes, il ne voit plus partout que tortures et chevalets, qu'oubliettes, cage de fer!... Et dans la crainte qu'il ressent de les voir fonctionner de nouveau sous la terrible main de quelque directeur irrascible, il adjure la Chambre de déclarer que toute autre *torture* infligée aux détenus que *celles* de cinq jours de cellule ténébreuse ou de cinq jours de mise à l'eau et au pain sec, *soit un crime*, et comme tel puni contre ses auteurs, des peines portées aux articles 114 et 117 de notre Code pénal. Autrement dit, de la bagatelle de *la dégradation civique*. Ce doit être, en effet, un terrible autocrate que le directeur du Mont-Saint-Michel, qui, soit dit en passant, est bien l'homme le meilleur, le plus probe et le plus humain que je connaisse; et les côtes de melon qui sont tombées des fenêtres de ses appartements, en forme de projectiles, sur les schakos des sentinelles, ont dû, je le conçois, produire une immense terreur dans toutes les âmes de nos honorables mandataires. Cependant, l'épouvante n'a pas été jusqu'à l'adoption de l'amendement.

Est-ce donc que l'honorable adversaire ait demandé merci? Bien au contraire! et saisissant avec une inconcevable justesse d'esprit et la vanité jalouse des nombreux magistrats qui l'observent, et le défaut de votre cuirasse; il vous porte encore pour cette fois, monseigneur, un de ces coups perfides qui renversent de fond en comble toutes les attributions que vous avait dévolues l'article 1er de votre projet de loi! Ainsi donc, à l'avenir : — « Chaque mois, le préposé en chef de chaque prison « rendra compte par écrit, AU PROCUREUR-GÉNÉRAL, des peines « disciplinaires infligées aux termes de l'article 45. » — Et comme ce préposé en chef doit, dans tous les cas, rendre également compte au préfet de ces mêmes peines, et voire même au besoin n'en infliger quelques-unes que sur son autorisation; il arrivera, monsieur le Ministre, que le pauvre préposé, qui n'est plus chef de rien, se trouvera plus d'une fois réprimandé de gauche et de droite, inévitablement, surtout s'il arrive ce qui s'est vu, *ce que j'ai vu*, qu'il n'y ait pas nécessairement accord parfait entre MM. le chef du département et le chef du parquet!

Mais, en revanche, il y a remède à tout; et voilà que l'honorable M. Pâres — non comme magistrat, mais comme membre de la commission, — fait adopter par la Chambre le palliatif que voici : — « Il n'est pas innové à l'action de l'autorité judiciaire « sur les prisons dans les cas prévus par les lois et règlements. » — Or, je doute fort, monsieur le Ministre, que le principe de cet amendement s'accorde parfaitement avec cet axiôme de notre fabuliste :

« Deux sûretés valent mieux qu'une, »

car évidemment ici l'une détruit l'autre, ce dont je vous félicite avec d'autant plus d'empressement que je ne sache point de moyen plus efficace de sauve-garder votre responsabilité.

Enfin, les trois ou quatre dispositions dernières sont successivement adoptées sans opposition. Pauvre Chambre! elle en eût adopté quarante de la même manière, tant elle se sentait harassée de ses quatre semaines de labeur sur le même canevas. *Quousque tandem abuterer patientia nostra!* Enfin! le moment approche où l'urne va parler!

— Croyez-vous, me dit une des machines à pression que j'avais autour de moi, que cette loi soit adoptée? — Oui, monsieur. — Tant pis! — Tant mieux! — Et pourquoi tant mieux? — C'est que cela donnera à la Chambre des pairs l'occasion et le mérite de la refaire en entier. — La Chambre des pairs la rejettera, c'est connu. — C'est possible; mais ce n'est pas probable : et, quant à moi,

« Je ne sais point prévoir les malheurs d'aussi loin. »

— Mais, monsieur, moi, je les prévois; car, tel que vous me voyez, je suis un publiciste d'une certaine réputation. — Je vous prie d'en agréer mes compliments. — Le Code pénal est sens dessus-dessous! — Je ne vous dis pas le contraire, mais on le remettra facilement sur ses jambes. — La loi est illogique, confuse, inconséquente dans la plupart de ses dispositions, et totalement inexécutable par la confusion des attributions qu'elle confère. — Elle a pour principe unique de séparer les méchants d'avec les méchants, et cela me semble bon. — Cela ne suffit pas. — D'accord, mais comme dit Isaïe : « Le zèle du Seigneur achèvera le reste : *Zelus Domini faciet hoc!* — Isaïe, soit; mais Puffendorf, Bentham, Beccaria, Macarel et Montesquieu, n'ont-ils pas aussi leur autorité? — Je n'en fais aucun doute, Dieu le sait! mais, ces messieurs-là, sont-ils toujours d'accord? — Oui, monsieur, toujours... en ceci du moins.

..... « Qu'il faut, en fait de lois répressives surtout : 1° que le style en soit concis, simple et d'une expression directe; 2° que leurs paroles réveillent chez tous les hommes les mêmes idées ; 3° qu'elles n'usent jamais d'expressions vagues ou d'une difficile interprétation ; 4° qu'on en écarte les exceptions, limitations ou modifications qui n'y sont point absolument nécessaires ; 5° qu'elles ne soient point subtiles, attendu qu'elles sont faites pour des gens de médiocre entendement ; 6° il faut en elles une certaine candeur ; car, faites pour punir la méchanceté des hommes, elles doivent avoir elles-mêmes la plus grande innocence ; 7° il faut, enfin, qu'elles soient conçues de manière à ne point choquer la nature des choses. (1) » — Pensez-vous à présent que votre loi de réforme des prisons renferme toutes ces conditions? — Non ; mais je pense avec Caton le censeur, qui lui aussi vaut bien son prix, — « qu'il n'y en a point qui « soit généralement juste et qui n'ait besoin d'être adoucie par « l'*équité*, en ce qu'il est souvent inévitable que l'intérêt par- « ticulier en reçoive quelque atteinte en considération du bien « public. (2) » Or, monsieur, comme je sais qu'il se trouve à la Chambre des pairs un assez fort parti pour Aristote, je suis persuadé que ces hommes d'élite se ressouviendront que ce philosophe avait défini l'*équité* : — « Une exception qui cor- « rige la loi dans ce que *ses dispositions générales* se trouvent « avoir de *défectueux* par rapport aux particuliers, » et que partant de ce principe, ils ne fassent aux fripons et aux honnêtes gens la quote-part qui convient *équitablement* pour le châtiment des premiers et la sécurité des seconds. A la bonne heure ; mais le moyen le plus sûr est de rejeter la loi, et elle va l'être. Écoutons. — Silence, messieurs ! — Le scrutin est fermé. Votants, 359 ; — majorité absolue, 180 ; —

(1) Montesquieu, *Esprit des lois*, liv. 29, ch. 16.

(2) *Tite-Live*, liv. 34.

boules blanches, 231; boules noires, 128. — La Chambre a adopté!

— Eh bien, monsieur? — Eh bien?... jamais le ministre ne se rachètera de l'opprobre que ces 128 boules noires viennent de déverser sur son œuvre! — Je vous en demande bien pardon, et rien de plus facile. — Comment cela, je vous prie? — Le voici :

— Avant de sortir de la Chambre, il attendra qu'il fasse nuit; il se lavera trois fois les mains à la fontaine filtrante de la salle des Pas-Perdus, et en silence; puis, il s'en retournera dans sa maison, jetant par-dessus sa tête les 128 boules noires de l'urne fatale, en disant : — *Je rachète moi et les miens avec ces boules.* — C'est du moins ainsi qu'en agissaient les anciens aux fêtes des Lémurales, avec cette seule différence qu'ils n'employaient à cette espèce de justification que des fèves au lieu de petites boules de bois, mais noires également. (1)

Et mon publiciste distingué disparut en me lançant un regard de profonde pitié! Ce qui ne m'empêcha pas, monsieur le Ministre, de me réjouir de la touchante fidélité de vos amis et de vos alliés dans cette mémorable circonstance. Mais rappelez-vous néanmoins que, lorsque Henri IV tendait sa main droite à un ligueur, il tenait sa main gauche appuyée sur le pommeau de son épée; car, en fait de traité d'alliance, on devrait toujours prendre pour épigraphe ce vieux proverbe italien :

« Ogni megdalia ha il suo riverso. »

Sauf, monseigneur, que l'*amour-propre* mutuel des contractants n'ait formulé les diverses clauses du contrat d'union; ce qui me fait espérer que, dans l'occurence où vous vous trou-

(1) *Traité de l'opinion*, VI, p. 209.

vez placé, vous n'avez absolument aucune mauvaise chance à courir : si ce n'est celle où, par un de ces miracles dont Dieu seul a la prévision, la lumière vint à se faire dans le livre apocalyptique *de la Théorie de l'emprisonnement*. Évènement majeur qui forcerait votre excellence à renier M. Moreau-Chrystophe pour vous abriter sous la protection de M. Charles Lucas. Que le ciel, monseigneur, vous préserve de ce revirement imprévu : *Dî! avertite pestem!...* Je veux dire de la contagion d'Auburn ! La société de Boston vous tiendrait trop rancune pour toutes les gracieusetés épigrammatiques dont vous et les vôtres l'ont si cruellement stigmatisée durant le cours de ce célèbre débat !

Gardez-vous — surtout, — monseigneur, du mauvais vouloir de ces ergoteurs éternels qui s'en vont clabaudant auprès de qui veut les entendre, que, n'en déplaise aux dénégations de la commission et de ses ayant-cause, notre Code pénal est bouleversé de fond en comble et totalement dénaturé par les quelques bribes de paragraphes que vous en avez retranchés, et les imperceptibles modifications qu'on y a introduites.

Qu'est-ce à dire? Tout est perdu parce qu'on en a rayé les bagnes et leurs infamies? Cela me rappelle le mot d'un poète à qui de malencontreux auditeurs faisaient remarquer que quelques-uns de ses alexandrins n'avaient que onze pieds de long au lieu de douze.—«Eh! pour de Dieu,—leur répondit-il,
« — ne m'interrompez pas : il s'en trouve où j'en ai mis treize,
« ce qui fait qu'en définitive, leur nombre se trouvera com-
« plet. »

—Eh bien ! monseigneur, si, d'une part, vous avez supprimé les bagnes, n'avez-vous pas, de l'autre, imaginé la *transportation*, sorte d'inconnu qui les vaut bien? De quoi donc se plaint-on, et qui prend-on pour dupe ici ? On voit bien que ces braves gens-là n'ont jamais lu M. Azaïs.

Je ne sache rien de plus concluant, monsieur le Ministre, en des cas difficiles, que la logique du *Malade imaginaire* : — « Ce n'est point, dit-il, aux avocats qu'il faut aller : car « ils s'imaginent que c'est un grand crime que de disposer en « fraude de la loi. Ce sont gens de difficultés, et qui sont igno- « rants des détours de la conscience. Il y a d'autres personnes « à consulter, qui sont bien plus accordantes, et qui ont des « expédients pour rendre juste ce qui n'est pas permis. — Sans « cela où en serions-nous tous les jours ! »

Après tout, est-ce donc une arche sainte que ce fameux Code pénal ? une immaculée conception ? Eh ! bon Dieu ! son berceau fut stigmatisé par quatre-vingts boules noires, et ce n'est guère la peine de briser tant de lances parlementaires pour la défense de son inviolabilité.

Oui, monseigneur, Molière a raison : — « Il faut de la fa- « cilité dans les choses ; autrement on ne viendrait à bout de « rien, et le métier *de docteur en philanthropie* ne vaudrait pas « 12 deniers (soit 5 centimes). »

D'où je conclus qu'en dépit des boute-feux qui jalousent votre œuvre, la Chambre haute en consacrera le mérite ; ne fût-ce qu'à la façon de ce célèbre couteau qui, pour avoir changé quatre fois de lame et quatre fois de manche, n'en était pas moins demeuré toujours le même. N'ayez donc peur, monsieur le Ministre, le Code pénal restera toujours le *Code pénal ;* la loi sur les Prisons toujours *votre loi ;* comme la Charte reste toujours *la Charte* aux mêmes clauses et conditions de l'eustache de Jeannot.

Pour mon compte, je suis loin d'en faire fi ! et je tiens pour certain que, si MM. les Pairs veulent bien n'en pas trop faire une selle à tous chevaux, une femme à trois maris, et la débarrasser des éléments de discordes et des collisions dont elle est saturée à l'heure qu'il est; nous aurons obtenu, en fait de réforme pénitentiaire, tout ce qu'on en peut humainement espérer... — Jusqu'au jour où l'éducation véritablement chrétienne du peuple et le bon exemple des grands, aura prédisposé l'esprit et le cœur du coupable aux salutaires influences d'un véritable repentir : CE SERA PEUT-ÊTRE LONG!..... mais

« Patience et longueur de temps
« Font plus que force ni que rage ; »

et les vents sont toujours favorables à celui qui prend Dieu pour pilote.

Prions-le donc ensemble, monsieur le Ministre, pour qu'à la plus grande gloire de votre système, et à la honte des incrédules, il daigne faire ce miracle. — Que l'effroi de la cellule empêche les mauvais hommes de s'abandonner à leur mauvais instinct, et que ses effets salutaires rendent à la vertu tous ceux qui auraient eu le *malheur* ou le *profit* de s'en écarter.

Puis, si l'imprévoyance avaricieuse de vos adversaires osait encore vous reprocher de jeter aux hasards d'une aussi heureuse chance le plus ou moins de dizaines de millions qui vous sont nécessaires; et CONSIDÉRANT que le nombre actuel de nos prisons n'est pas en état de suffire aux besoins des condamnations : n'hésitez pas un seul instant, monsieur le Ministre, à provoquer une ordonnance royale de par laquelle : — Les tribunaux seront dûment autorisés, et *vu l'urgence*, à faire délivrer aux condamnés des billets de logement, avec droit au feu et à la chandelle, chez tous les récalcitrants qui vous auront été opposés, sous quelque prétexte que ce soit ; ET VOUS FEREZ JUSTICE.

Que si maintenant, monsieur le Ministre, quelques-uns de ceux qui vous adulent *per fas et nefas*, et que vous savez, venant à s'irriter, pour vous, de la manière un peu sans façon avec laquelle je me suis permis de traiter un sujet aussi sérieux ; veuillez leur répondre avec Horace : — « Que des plaisan« teries, même un peu vives, tranchent souvent plus nette« ment et mieux une grande difficulté, que les raisonnements « les plus graves et les plus pédagogiquement élaborés : —

« . . . . ridiculum acris
« Fortiùs et meliùs, magnas plerumque sicat res. »

Ceci posé, monsieur le Ministre, INTELLIGITE!..... et que le ciel vous ait en sa sainte et digne garde.

AMEN !

FIN.

www.ingramcontent.com/pod-product-compliance
Ingram Content Group UK Ltd
Pitfield, Milton Keynes, MK11 3LW, UK
UKHW012107240726
13965UKWH00004B/1615

9 782013 081252